Hallo!

In der Geschichte findest du an einigen Stellen Profifragen zum Text.

Deine Antworten kannst du mit einem Lesezeichen überprüfen. Das kannst du hinten aus dem Buch herausnehmen.

Es ist dein Lösungsschlüssel!

Aus Verantwortung für die Umwelt hat sich der Fischer Kinder- und Jugendbuch Verlag zu einer nachhaltigen Buchproduktion verpflichtet. Der bewusste Umgang mit unseren Ressourcen, der Schutz unseres Klimas und der Natur gehören zu unseren obersten Unternehmenszielen.

Gemeinsam mit unseren Partnern und Lieferanten setzen wir uns für eine klimaneutrale Buchproduktion ein, die den Erwerb von Klimazertifikaten zur Kompensation des CO_2-Ausstoßes einschließt.

Weitere Informationen finden Sie unter: www.klimaneutralerverlag.de

Weitere Informationen zum Kinder- und Jugendbuchprogramm der S. Fischer Verlage finden Sie unter: www.fischerverlage.de

FSC www.fsc.org MIX Papier aus verantwortungsvollen Quellen FSC® C043106

4. Auflage 2021

Erschienen bei FISCHER Duden Kinderbuch

Fachberatung: Ulrike Holzwarth-Raether
Gestaltungskonzept und Layout: Farnschläder & Mahlstedt, Hamburg
Umschlagkonzept: Frauke Schneider, Wittighausen
Umschlaglayout: Mischa Acker, Brühl

Druck und Bindung:
Grafisches Centrum Cuno GmbH & Co. KG, Calbe
Printed in Germany
ISBN 978-3-7373-3374-0

Leseprofi

BMX und sonst nix!

Christian Tielmann

mit Bildern von Markus Spang

FISCHER Duden Kinderbuch

Inhalt

Die BMX-Bande

Benno ist neu in der Stadt.
Er hat eine neue Wohnung.
Er geht an eine neue Schule.
Und Benno sucht neue Freunde.
Matti und Alexis gehen
in Bennos Klasse.
Die beiden findet Benno nett.
Am Nachmittag langweilt er sich.
„Fahr doch im Park Fahrrad“,
schlägt Mama vor.

Benno hat ein altes Klapprad.
Am liebsten fährt er
nur auf dem Hinterrad.
Im Park sind ein paar Kinder
mit BMX-Rädern unterwegs.
Benno sieht Alexis aus der Schule.
Er fährt auch auf dem Hinterrad.
Genau wie Benno.

Ein Mädchen saust eine Rampe hinunter
und springt mit dem BMX-Rad
über einen Hügel.
Das sieht super aus.

Das Mädchen kommt zu Benno.
Es ist Matti aus der Schule.
„Hallo Benno!
Willst du auch mal fahren?“
Benno nickt.
Matti leiht ihm ihr BMX-Rad.

Benno fährt die Rampe hinunter.
Er hat das BMX-Rad
sicher unter Kontrolle.
Mit viel Schwung
fährt er auf den Hügel.
Oben tritt er kräftig in die Pedale
und zieht gleichzeitig am Lenker.
Das Fahrrad steigt hoch.
Benno fliegt ein Stück
durch die Luft.
Er landet sicher.
Das macht Spaß!

Am späten Nachmittag sagt Alexis:
„Wir wollten schon immer
eine BMX-Bande gründen.
Aber zwei sind ja keine Bande.“
Matti sieht Benno an.
„Mit dir wären wir zu dritt.
Machst du mit?“
Benno freut sich. „Na klar!“
Jan und Nick kommen dazu.
Benno kennt sie aus der Schule.
„Benno soll in eine BMX-Bande?
Mit so einem klapperigen Klapprad?“
Jan und Nick lachen Benno aus.

„Na wartet“, denkt Benno.
Er leiht sich
die Knieschoner von Matti.
Dann schiebt er sein Klapprad
auf die Rampe.
„Tu das nicht!“, warnt Alexis.
Aber Benno hört nicht zu.
Er schnallt seinen Helm fest.
Nun rast er die Rampe hinab.
Mit dem Klapprad!

Profifrage 1

Was ist ein Klapprad?

- ein klapperiges Rad
- ein klappbares Rad
- ein klapperndes Rad

Aber auf dem Hügel bleibt Benno
mit einem Pedal am Boden hängen.
Benno fliegt durch die Luft.
Sein Fahrrad fliegt auch.
Dann landen sie.
Erst das Rad.
Dann Benno.

Zum Glück hat Benno
Mattis Knieschoner an.
Ihm ist nichts passiert.
Aber sein Fahrrad hat
leider keine Schutzkleidung.
Der Lenker ist total verbogen.
Das Vorderrad ist platt und eiert.
Jan und Nick lachen sich kaputt.
„Mit Benno seid ihr eine
Schrotthaufen-Bande!“

Benno schiebt sein Rad nach Hause.

Jan und Nick haben recht.

Sein Klapprad ist

kein BMX-Rad.

Benno könnte heulen.

Als Mama Benno sieht,
wird sie blass.
„Bist du verletzt?“, fragt sie.
„Ich nicht, aber mein Fahrrad“,
antwortet Benno.
Mama schimpft nicht.
Sie sieht sich das kaputte Rad an.
„Das kriegen wir wieder hin.“
Sie holt ihr Werkzeug.
Dann reparieren sie zusammen
das Fahrrad.
Sie biegen den Lenker gerade.
Aber im Vorderrad sind
drei Speichen kaputt.
„Die müssen wir neu kaufen“,
sagt Mama.
Zum Glück sind Speichen
nicht so teuer.

Mama und Benno bauen
das Vorderrad aus.
Sie müssen auch den Gummimantel
von der Felge ziehen.
Benno flickt den Schlauch.
Das hat er schon öfter gemacht.
Mama fädelt die neuen Speichen
in die Felge ein.
Mit einem Speichenschlüssel
spannt Mama die Speichen.
Es dauert eine ganze Weile.
Dann läuft das Rad wieder rund.

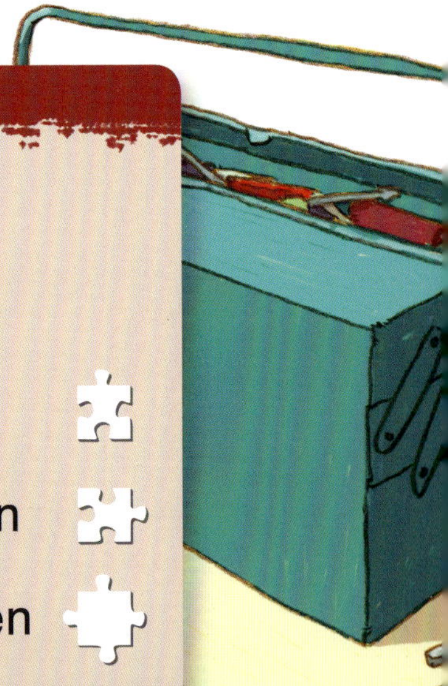

Profifrage 2

Was macht man mit einem Speichenschlüssel?

- die Speichen blank putzen
- die Speichen richtig spannen
- die Speichen gut abschließen

Mama will wissen,
wie der Unfall passiert ist.
Benno erzählt es ihr.
Da wird Mama ein bisschen sauer.
„Ein Klapprad ist kein BMX-Rad!“
Benno sagt: „Dann musst du mir eben
ein BMX-Rad kaufen!“
Mama seufzt. „So viel Geld haben wir
im Moment nicht übrig, Benno.“
Benno ist ein bisschen enttäuscht.
Dabei hat er sich das fast gedacht.
Seine Mutter musste ja gerade
den Umzug bezahlen.

Schrottfritze

Auf dem Schulhof begegnet Benno Jan und Nick.
Die beiden lachen und sagen:
„Geh doch zum Schrottfritze.
Vielleicht schenkt der dir einen BMX-Schrotthaufen.“
Matti und Alexis stellen sich hinter Benno.
„Lasst Benno endlich in Ruhe!“

Matti und Alexis haben
einen geheimen Treffpunkt.
Alexis flüstert:
„Da treffen wir uns heute Nachmittag.
Die Angeber kommen da nicht hin!"
Aber Benno seufzt und sagt:
„Die Angeber haben recht.
Ohne BMX-Rad keine BMX-Bande."
Da pfeift Matti durch die Zähne.
„Die Angeber haben echt recht.
Wir müssen zum Schrottfritze!"

Der Schrottfritze mag Fahrräder.
Darum schmeißt er sie nie weg.
Er repariert jedes Rad.
Nur selten ist ein Rad
wirklich nicht mehr zu reparieren.
Dann baut er etwas anderes daraus.
Eine Lampe fürs Wohnzimmer,
eine Vogelscheuche, ein Windspiel
oder ein verrücktes Kunstwerk.

Der Schrottfritze hat tatsächlich
ein altes BMX-Rad übrig.
„Das kannst du haben.
Du musst es nur noch reparieren“,
sagt er zu Benno.
Der Rahmen ist ein bisschen rostig.
Die Reifen sind platt.
Und Bremsen hat das BMX-Rad
leider auch nicht mehr.
„Danke!“, sagt Benno.
Die drei schieben das Rad
zu Benno nach Hause.

„Wir müssen zum Fahrradladen“,
sagt Alexis. Benno nickt.
„So kann ich nicht fahren.
Da ist ja mein Klapprad sicherer.“
Sie schieben das BMX-Rad
zum Fahrradladen.

Der Mann im Fahrradladen schaut
sich das BMX-Rad genau an.
„Der Rahmen ist in Ordnung.
Aber das Rad braucht
neue Mäntel, Schläuche, Bremsen
und eine frische Kette.“
Er sagt Benno, was das alles kostet.
So viel Geld hat Benno nicht.
Er hat nur noch zehn Euro.
Und seine Mutter will Benno
lieber nicht noch einmal fragen.
Traurig bringt er das Rad nach Hause.

Profifrage 3

Warum bittet Benno seine Mutter
nicht um Geld?

- weil sie nichts von Fahrrädern hält
- weil er selbst genügend Geld hat
- weil sie gerade den
  Umzug bezahlen musste

Zum geheimen Treffpunkt
fährt Benno mit seinem Klapprad.
Hinter dem alten Güterbahnhof
liegt ein super Gelände
mit einer alten Lagerhalle.
Eine Treppe führt zu einer Laderampe.
Vor der Halle gibt es lauter Hügel
aus getrocknetem Matsch.
Echt prima zum BMX-Fahren.

Alexis schleppt sein Rad auf die Rampe.
Dann fährt er die Treppe hinunter.
Mit seinem Fahrrad!
„Das rockt!“, schreit Alexis.
Matti probiert es auch mal.
„Krasse Sache!“, ruft sie.
Alexis leiht Benno sein BMX-Rad.
Matti hat Schoner für Benno dabei.
Sie gehören ihrer Schwester.
Die ist gerade auf Klassenfahrt.
Benno fährt auch die Treppe hinab.
„Das rockt voll krass!“, jubelt er.

Alexis fährt auf dem Hinterrad.
Dabei dreht er den Lenker
einmal schnell komplett herum.
Er zeigt Benno, wie es geht.
Das klappt mit dem Klapprad nicht.
Denn der Lenker lässt sich
nicht ganz herumdrehen.
Aber auf Mattis Rad
schafft Benno das sofort.
„Du bist eben ein Naturtalent“,
lobt Matti Benno.

Sie fahren auch zu dritt
auf den zwei BMX-Rädern.
Benno stellt einen Fuß
auf Mattis rechtes Pedal
und den anderen Fuß
auf Alexis' linkes Pedal. Matti sagt:
„Das ist was für eine Talentshow."
Da stoppt Alexis so plötzlich,
dass Benno in den Dreck fliegt.
Er ruft: „Mensch, Matti,
das ist die Lösung!"

Drei Helden auf zwei Rädern

Das Jugendzentrum plant
einen Talent-Wettbewerb.
Jeder darf mitmachen
und etwas aufführen.
Benno, Matti und Alexis
melden sich an.

Beim Wettbewerb gibt es auch Preise.
Der erste Platz bekommt 400 Euro.
Der zweite Platz bekommt 300 Euro.
Der dritte Platz bekommt 200 Euro.
Der vierte Platz bekommt 100 Euro.
Der fünfte Platz bekommt 50 Euro.
„Wir müssen mindestens
den fünften Platz erreichen“,
sagt Alexis. „Dann reicht das Geld
für die Reparatur.“
Benno ist froh, dass er so
tolle Freunde gefunden hat.

Matti, Alexis und Benno reden
nur noch vom Wettbewerb.
Sie überlegen sich Tricks.
In der Schule sagt Jan:
„Ihr könnt ja über
einen Schrotthaufen springen!“

Nick lacht und sagt:
„Ja, Benno und sein Fahrrad
sind der Schrotthaufen!“
„Wartet nur ab“,
knurrt Matti wütend.
„Wir holen uns den fünften Platz!“
„Mindestens!“, sagt Benno.

Am Nachmittag treffen sich
die drei Freunde im Versteck.
Sie üben verschiedene Tricks.
Sie fahren alle drei
auf ihren Hinterrädern.
Das kann Benno auch
mit seinem Klapprad.

Sie springen mit den Rädern
die Treppe hinauf und
wieder hinunter.
Auch das kriegt Benno
mit dem Klapprad ganz gut hin.
Nur schade, dass er den Lenker
nicht ganz herumdrehen kann.

Profifrage 4

Wie heißt es genau?
Nur schade, dass er den Lenker ...

- kaum herumdrehen kann.
- nur schwer herumdrehen kann.
- nicht ganz herumdrehen kann.

Benno kann während
der Fahrt auf den Sattel steigen.
Matti und Alexis schaffen das auch.
So fahren sie zu dritt
immer im Kreis.
Alexis verliert das Gleichgewicht.
Er stürzt. Aber er tut sich nicht weh.

„Ich komme mir vor
wie ein Zirkuspferd!“, sagt Matti.
Sie üben auch noch
ein paar Sprünge.
Für die leiht sich Benno
aber doch lieber
ein BMX-Rad.

„Wir brauchen einen Namen“,
sagt Alexis.
Sie überlegen hin und her.
Matti schlägt „Die drei Räder“ vor.
Aber das klingt nach Dreirad.
Alexis wäre für „Die Satansbraten“.
Aber das klingt nach Grillwurst.

Benno probiert etwas mit ihren Anfangsbuchstaben aus.
„Wie wäre es mit AMB oder BMA?“
„BMX fände ich besser“, sagt Alexis.
„Das ist doch perfekt!“, jubelt Matti.
„Wir sind Benno, Matti und Alexis“, sagt Benno. „Alexis mit X.
Also sind wir abgekürzt: BMX!“
Damit ist auch Alexis einverstanden.
„Mit dem Namen gewinnen wir!“

In der Lagerhalle finden sie
ein altes Sofa.
„Das hier wird unsere Zentrale“,
schlägt Alexis vor.
„Unser Versteck und Übungsplatz“,
sagt Benno.
Matti grinst. „Ja, das Hauptquartier
von BMX.“

Benno sitzt zwischen
Matti und Alexis auf dem Sofa.
Er freut sich.
Jetzt hat er nicht nur
eine neue Stadt und Wohnung.
Er hat auch neue Freunde
und sogar eine neue Bande.

Profifrage 5

Wo sitzt Benno?

- rechts von seinen Freunden
- links von seinen Freunden
- zwischen seinen Freunden

In den nächsten Tagen heißt es:
üben, üben, üben!
Die Proben für die Aufführung
werden immer besser.
Nur Alexis vergisst manchmal,
wer wann dran war.

Dafür kann er
auf dem Vorderrad fahren.
Das findet Matti so toll,
dass sie es sofort
in ihre Show einbauen.

Die Aufführung

Am Tag der Aufführung
wacht Benno schon ganz früh auf.
Ihm ist ein bisschen übel.
Und er fühlt sich krank,
wenn er an die Aufführung denkt.
„Das nennt man Lampenfieber“,
sagt Mama beim Frühstück.
„Ich nenne es eher
BMX-Fieber“, sagt Benno.

Mama möchte Benno beruhigen.
Aber das klappt nicht.
Denn sie weiß ja gar nicht,
was die BMX-Bande plant.
Und Benno verrät ihr lieber nicht,
dass er mit dem Klapprad
eine Treppe hinunterfahren kann.
Und wieder hinauf.

Am Nachmittag fährt Benno
zum Jugendzentrum.
Lars begrüßt ihn.
Er arbeitet dort. Lars meint:
„Alexis und Matti sind
schon auf der Bühne.
Ihr könnt ausprobieren,
ob der Platz für euch reicht.“
„Habt ihr eine Treppe?“, fragt Benno.
Da guckt Lars erstaunt.
„Eine Treppe haben wir nur im Hof.“

Die Bühne ist echt eng.
Benno fährt auf dem Hinterrad.
Aber er kracht fast vor die Wand.
Lars hat eine Idee:
„Eure Aufführung findet einfach
draußen statt.
Dann hat das Publikum
ein bisschen Bewegung.
Und Bewegung tut ja
eigentlich immer gut.“

Profifrage 6

Warum soll die Aufführung draußen stattfinden?

- weil frische Luft gesund ist
- weil die Bühne zu eng ist
- weil das Publikum dort mehr Platz hat

Die BMX-Bande hat noch etwas Zeit
vor dem Start der Talentshow.
Sie sehen anderen beim Training zu.
Jetzt wird Benno richtig nervös.
Ein Jugendlicher jongliert
mit Feuerkeulen.
Ein Mädchen fährt in
einem großen Rad an ihm vorbei.
Eine Seiltänzerin spannt ihr Seil.
Außerdem läuft ein Junge herum.
Der hat einen großen Eimer dabei.
Er verrät aber nicht,
was er damit machen will.

Nun kommt das Publikum.
Bennos Mutter und seine Lehrerin sind auch dabei.
Sogar Jan und Nick sitzen im Saal.
Sie grinsen und flüstern.
Bestimmt warten sie nur darauf, dass sich Benno auf die Nase legt.

Dann geht die Vorstellung
endlich richtig los.
Lars sagt jeweils den nächsten Auftritt an.
Zwei Jungs jonglieren.
Erst mit Bällen,
dann mit Tüchern,
dann mit Tellern
und dann mit Keulen.
Schließlich mit Feuer.

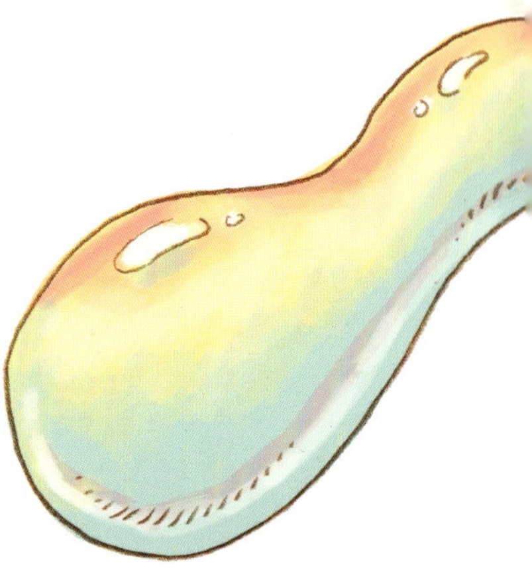

Ein Mädchen läuft über ein Seil.
Benno klatscht wie verrückt.
Das würde er nie hinkriegen.
Der Junge mit dem Eimer
macht riesige Seifenblasen.
In dem Eimer ist Seifenlauge.
Nach einer Stunde sagt Lars:
„Im Hof könnt ihr jetzt
noch eine Gruppe sehen.
Sie nennt sich BMX.
Das sind Benno, Matti und Alexis.“

Das Publikum geht auf den Hof.
Zur Tür vom Jugendzentrum
führen fünf Treppenstufen.
Davor lassen die Leute
viel Platz für die BMX-Fahrer.
Erst fährt Matti auf dem Hinterrad
auf den freien Platz.
Hinter ihr fährt Alexis.
Und schließlich Benno.
Auch er fährt nur auf dem Hinterrad
seines Klapprads.
Die Leute lachen und klatschen,
als sie Benno sehen.

Benno fährt die Treppe rauf und runter.
Alexis und Matti machen das auch.
Das Publikum ist begeistert.
BMX fährt zu dritt auf zwei Rädern.
Da sieht Benno Nick und Jan.
Die Angeber stehen weit vorne.
Sie lachen Benno aber nicht aus.
Ihre Münder stehen offen.
Und sie kriegen sie nicht mehr zu.
Am Ende bekommen Benno,
Matti und Alexis einen Riesenapplaus.

Profifrage 7

Was stimmt?

- Die BMX-Bande fährt zu zweit auf drei Rädern.
- Die BMX-Bande fährt zu dritt auf zwei Rädern.
- Die BMX-Bande fährt zu dritt auf einem Rad.

Bei der Siegerehrung
kribbelt es in Bennos Bauch.
Den ersten Platz bekommt
das Seiltanz-Mädchen.
Den zweiten Platz kriegen
die Jonglier-Jungs.
Benno hofft auf Platz 5.
Mindestens.

Da sagt Lars:
„Platz 3 geht an BMX.
Herzlichen Glückwunsch.“
Sie haben den dritten Platz?
„Aber das ist ja viel mehr Geld,
als wir brauchen!“, ruft Benno.
Die drei Freunde jubeln so laut,
dass Benno fast die Ohren wegfliegen.

Schon zwei Tage später hat Benno
sein BMX-Rad repariert.
Es fährt super.
Matti und Alexis haben
eine Überraschung für Benno.
Matti überreicht ihm ein Paket.
Benno reißt es auf.
Darin sind nagelneue Knieschoner,
Ellbogenschützer und Handschuhe.

„Danke! Wahnsinn!“, sagt Benno.
Matti lacht und sagt:
„Es war ja noch Preisgeld übrig.
Da haben wir die Sachen gekauft.“
Und Alexis meint:
„Damit du auch ganz bleibst.
Schließlich brauchen wir dich noch!“
Benno ist sprachlos.
Zum Glück muss er gar nichts sagen.
Er muss nur fahren.
Hinter Matti und Alexis her.

Profifrage 8

Was passt?
Benno ist sprachlos ...

- vor Schreck.
- vor Freude.
- vor Neid.

Die Rampe hinunter.

Den Hügel hinauf.

Ab durch die Luft.

Eben so richtig

BMX.

Für Vollprofis

Jetzt ist die Geschichte zu Ende.
Hier geht's mit Rätseln für Vollprofis weiter!
Die Lösungen findest du auf der Rückseite.

1. Wer erhält welches Preisgeld?

Seiltanz-Mädchen

BMX

Jonglier-Jungs

2. An welcher Stelle im Text stehen diese Sätze? Wie heißen sie richtig?

Seite ____

BANDE NEUE EINE SOGAR UND
FREUNDE NEUE AUCH HAT ER

____

____

WOHNUNG UND STADT NEUE
EINE NUR NICHT ER HAT JETZT

____

____

3. Wo ist was?

○ Ventil

○ Schlauch

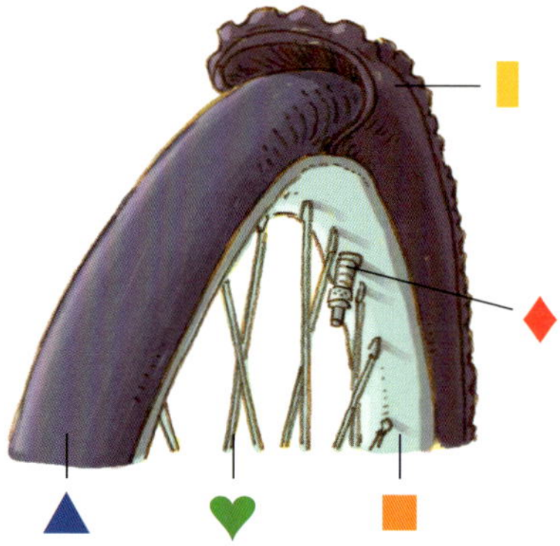

○ Felge

○ Speichen

○ Gummimantel

Herzlichen Glückwunsch!

Geschafft. Jetzt bist du im Lesen ein echter Vollprofi! Noch mehr spannende Bücher findest du unter www.duden-leseprofi.de

Lösungen

1. Seiltanz-Mädchen 400 €, Jonglier-Jungs 300 €, BMX 200 €
2. Seite 41. Jetzt hat er nicht nur eine neue Stadt und Wohnung. Er hat auch neue Freunde und sogar eine neue Bande.
3. ♦ Ventil; ▲ Schlauch; ♥ Speichen; ■ Felge; ▮ Gummimantel

Leseprofi von Duden – von Anfang an richtig

1. Klasse

Jeweils 48 Seiten, gebunden.

Zwei Pferdegeschichten in einem Band. 96 Seiten

- Das Geheimnis im Schuppen
  ISBN 978-3-7373-3468-6
- Ferien auf der Blaubeerinsel
  ISBN 978-3-7373-3472-3
- Eine Mumie geht zur Schule
  ISBN 978-3-7373-3447-1
- Ein Fohlen namens Schnuppe
  ISBN 978-3-7373-3470-9

2. Klasse

Jeweils 64 Seiten, gebunden.

- Diamantenklau im Hafen
  ISBN 978-3-7373-3471-6
- Eine Gruselnacht im Zelt
  ISBN 978-3-7373-3442-6
- Ein Schultag im alten Rom
  ISBN 978-3-7373-3467-9
- BMX und sonst nix!
  ISBN 978-3-7373-3374-0

Alle Duden Leseprofis finden Sie unter
www.fischerverlage.de

Das Lesezeichen ist dein Lösungsschlüssel für die Profifragen!

Für jede Antwort findest du ein Puzzleteil.

Wenn es zum Puzzle auf dem Lesezeichen passt, ist die Antwort richtig!